Hermann Schuh

2000 Wörter und was man damit machen kann

HERMANN SCHUH

2000 WÖRTER

und was man damit machen kann

Ein Arbeitsheft für den Deutschunterricht

Max Hueber Verlag

ISBN 3-19-00.1124-9

5 4 3 1981 80 79 78 77
Die jeweils letzten Ziffern bezeichnen Jahr und Zahl des Druckes.
Alle Drucke dieser Auflage können nebeneinander benutzt werden.
Satz: Gebr. Parcus KG, München
Druck: Allgäuer Zeitungsverlag, Kempten
Printed in Germany

INHALT

Hilfsverben / Verben

Adjektive

Substantive

VORWORT

2000 Wörter und was man damit machen kann ist kein Wörterbuch – es sieht nur so aus.

Die 2000 Wörter sind nicht als einzelne Wörter wichtig, sondern als austauschbare Elemente von Sätzen, die wiederum Bestandteile von Alltagsdialogen sind. Eine Sprache erlernt man nicht, indem man blindlings Wörter anhäuft, sondern indem man ihr System erfaßt.

Das System hat man nicht schon dann, wenn man über Grammatikprobleme nachdenkt oder Regeln auswendig lernt. Das System erfährt man im sprachlichen Vollzug. Erst wenn man es auch im sprachlichen Vollzug realisieren kann, d. h. wenn man frei und fließend – und richtig! – sprechen kann, hat man eine tragfähige Basis für das Erlernen einer Sprache.

Schreiben ist die Fortsetzung des Sprechens mit anderen Mitteln. Wer grammatisch richtig sprechen kann, kann auch grammatisch richtig schreiben.

Das vorliegende Büchlein will hauptsächlich als Arbeitsmittel für das Sprechtraining in Form von Drill-Übungen verstanden werden. Neben dem Sprechen und Hören kann auch das Schreiben und Lesen, besonders als Vor- und Nachbereitung des Sprechtrainings, in die Übungen einbezogen werden. Die 2000 Wörter sind das Reservoir, aus dem der Schüler bei den vom Lehrer organisierten Übungen schöpft.

2000 Wörter und was man damit machen kann ist neben jedem beliebigen Lehrbuch und – vom dritten Schuljahr an – auf jeder Altersstufe bis hin zum zehnten Schuljahr zu verwenden. Aber man täusche sich nicht: Es geht nicht darum, Sprache ohne grammatisches System zu lehren. Sprache ohne System gibt es nicht. Und wer Sprachvermittlung ohne gleichzeitige Vermittlung des Systems betreibt, oder wer System durch theoretische Betrachtung vermitteln will, der zwingt den Schüler, das System seiner Muttersprache auf die Fremdsprache zu übertragen. Es kann nur darum gehen, das System der Sprache ohne Umwege und in effektiver Weise zu lehren.

Leider sind Drillübungen manchmal nicht viel mehr als rasantes Wortgeklapper, eine Gebetsmühle des Stumpfsinns (auch im Sprachlabor). Langeweile ist jedoch immer der Tod des Erfolgs. Bei richtiger Organisation kann auch der Drill zu einer durchaus lebendigen Übungsform werden.

Das vorliegende Arbeitsheft möchte – auch dort, wo technische Mittel fehlen – die Effektivität des Sprechtrainings und damit des Sprachunterrichts steigern helfen.

Hermann Schuh

Hilfsverben
Verben

Hilfsverben

sein	**bin**	gewesen, war	bin bist ist	sind seid sind
haben		gehabt, hatte	habe hast hat	haben habt haben
werden	**bin**	geworden, wurde	werde wirst wird	werden werdet werden

---

können	gekonnt, konnte	kann kannst kann	können könnt können
	(ich habe lesen können)		
dürfen	gedurft, durfte	darf darfst darf	dürfen dürft dürfen
	(ich habe lesen dürfen)		
sollen	gesollt, sollte	soll sollst soll	sollen sollt sollen
	(ich habe lesen sollen)		
müssen	gemußt, mußte	muß mußt muß	müssen müßt müssen
	(ich habe lesen müssen)		
mögen	gemocht, mochte	mag magst mag	mögen mögt mögen
		möchte möchtest möchte	möchten möchtet möchten
	(ich habe nicht lesen mögen)		

wollen	gewollt, wollte	will willst will	wollen wollt wollen
	(ich habe lesen wollen)		
lassen	gelassen, ließ	lasse läßt läßt	lassen laßt lassen
	(ich habe ihn lesen lassen)		

sprechen

sprechen	gesprochen, sprach (über mich) ● (von **mir**) ● (mit **mir**)	du/er –i–
etwas besprechen	besprochen, besprach ● (mit **mir**)	du/er –i–
etwas versprechen	versprochen, versprach ● **(mir)**	du/er –i–
sich versprechen	versprochen, versprach (mich)	du/er –i–
reden	(über mich) ● (von **mir**) ● (mit **mir**)	
sich unterhalten	unterhalten, unterhielt (über mich) ● (mit **mir**)	du/er –ä–
fragen	(mich) ● (nach **mir**)	
antworten	(auf meine Frage) ● **(mir)**	
beantworten	● **(mir)**	
sagen	● **(mir)**	
erzählen	● **(mir)** ● (**mir** von **dir**)	

erklären		
	● **(mir …)**	
erinnern		
	(dich an mich)	
beschreiben	beschrieben, beschrieb	
	● **(mir …)**	
überzeugen		
	(mich)	
	● (… von **dem**)	
lesen	ge-, las	du/er liest
*vor*lesen	*vor*ge-, las *vor*	
	● (mir)	
zählen		
rechnen		
loben		
tadeln		
schimpfen		
	(auf mich, über mich)	
(sich)		
zanken	(mich)	
	● (mit **mir**)	
behaupten		
leugnen		
lügen	gelogen, log	
belügen	belogen, belog	
*an*lügen	*an*gelogen, log *an*	
grüßen		
begrüßen		
sich		
verabschieden	(mich)	
	● (von **mir**)	
bitten	gebeten, bat	
	(um etwas)	
danken		
	(für etwas)	
	● **(mir …)**	

befehlen	befohlen, befahl	du/er -ie-
	● **(mir)**	
*an*klagen		
	(mich)	

flüstern bis husten

flüstern	
rufen	ge-, rief
	(mich)
*an*rufen	*an*ge-, rief *an*
	(mich)
telefonieren	
	● (mit **mir**)
schreien	geschrien, schrie
brüllen	
schwätzen	
singen	gesungen, sang
summen	
brummen	
pfeifen	gepfiffen, pfiff
blasen	ge-, blies
schnaufen	
atmen	
niesen	
husten	

Tiere „sprechen"

bellen
miauen
schreien
wiehern
quaken
gackern
krähen

schnattern
summen
zwitschern
zirpen

Dinge „sprechen"

rauschen
plätschern
klatschen
rieseln

krachen
donnern
dröhnen

denken

denken	gedacht, dachte (an mich)
*nach*denken	*nach*gedacht, dachte *nach* (über mich)
sich etwas *aus*denken	*aus*gedacht, dachte *aus* ● **(mir ...)**
sich überlegen	● **(mir)**
suchen	
finden	gefunden, fand
versuchen	versuchte
erfinden	erfunden, erfand
entdecken	entdeckt
lernen	
*auf*passen	–ß–, –ß– (auf mich)

*acht*geben	*acht*geben, gab *acht* (auf mich)	du/er –i–
achten (auf)		
beachten		
interessieren	(etwas/[Nominativ] interessiert mich)	
sich interessieren (für)		
raten	ge-, riet	du/er –ä–
erraten	erraten, erriet	
verstehen	verstanden, verstand	
kennen	gekannt, kannte	
erkennen	erkannt, erkannte	
können	gekonnt, konnte	
wissen	gewußt, wußte	weiß, wissen weißt, wißt weiß, wissen
glauben		
vermuten		
meinen		
sich erinnern	(mich an dich)	
vergessen	vergessen, vergaß	du/er –i–

lachen / weinen

lachen	
lächeln	
*an*lachen	
strahlen	
sich freuen	(mich auf etwas/über etwas) ● (an **mir**)
feiern	
weinen (über)	

schluchzen
jammern
klagen

(über mich)

sich
beklagen

(über mich)
● (bei **mir**)

sich
beschweren

(über mich)
● (bei **mir**)

trauern

lieben / helfen

lieben			
mögen	gemocht, mochte	mag	mögen
		magst	mögt
		mag	mögen
gefallen	gefallen, gefiel	du/er –ä–	
	● **(mir)**		
helfen	geholfen, half	du/er –i–	
	● **(mir)**		
zeigen			
	● **(mir ...)**		
erklären			
	● **(mir ...)**		
führen			
*vor*führen			
	● **(mir ...)**		
raten	ge-, riet	du/er –ä–	
trösten			
bedauern			

nicht lieben/streiten

hassen	–ß–, –ß–	du/er/ihr haßt
ärgern		
verärgern		
sich ärgern	(über mich)	
(sich) streiten	(über etwas)	
	● (mit **mir**)	
(sich) schaden	● (**mir**)	

sehen

sehen	ge-, sah	du/er –ie–
*an*sehen	*an*ge-, sah *an*	
*zu*sehen	*zu*ge-, sah *zu*	
	● (**mir**)	
	● (bei **dem** ...)	
schauen		
*zu*schauen	● (**mir**)	
	● (bei **dem** ...)	
gucken		
*auf*fallen	*auf*ge-, fiel *auf*	du/er –ä–
	(es fällt auf)	
	(ich falle auf)	
	● (**mir**)	
bemerken		
beobachten		

hören

hören		
*zu*hören		
	• **(mir)**	
horchen		
lauschen		
verstehen	verstanden, verstand	

riechen

riechen	gerochen, roch	
niesen		

essen/trinken

essen	gegessen, aß	du/er ißt
*auf*essen	*auf*gegessen, aß *auf*	
beißen	gebissen, biß	
*ab*beißen	*ab*gebissen, biß *ab*	
kauen		
lecken		
schlecken		
schlürfen		
schmatzen		
fressen	ge-, fraß	du/er frißt
(ein Tier frißt)		
naschen		
schmecken		
	• (es/[Nominativ] schmeckt **mir**)	
frühstücken		
zu Mittag essen		
zu Abend essen		
trinken	getrunken, trank	
saufen	gesoffen, soff	du/er –äu–
(ein Tier säuft)		

sich betrinken	betrunken, betrank (er ist betrunken)
saugen	
hungern (= Hunger haben)	(auch: mich hungert)
dürsten (= Durst haben)	(auch: mich dürstet)
verhungern	
verdursten	

anfangen bis aufhören

*an*fangen		*an*ge-, fing an (auch: *es* fing an)
beginnen		begonnen, begann (auch: *es* beginnt)
geschehen	(es) **ist**	geschehen, geschah
passieren	(es) **ist**	passiert, passierte
los sein	(es) **ist**	etwas los [gewesen]
dauern		
vergehen	**ist**	vergangen, verging
*auf*hören		(auch: *es* hört auf
		● (mit **dem** ...)

machen bis zerstören

größer/kleiner machen	
= vergrößern	vergrößert, vergrößerte (schwaches Verb!)
= verkleinern	verkleinert, verkleinerte (schwaches Verb!)
machen	
bauen	
formen	
*her*stellen	
fabrizieren	
konstruieren	
reparieren	
verbessern	
*zusammen*fügen	

beschädigen	
zerlegen	
zerteilen	
*auseinander*nehmen	*auseinander*genommen, nahm *auseinander*
zerbrechen	zerbrochen, zerbrach
zerschlagen	zerschlagen, zerschlug
zertrümmern	
zerreißen	zerrissen, zerriß
zerstören	
kaputt machen	kaputtgemacht
ruinieren	
töten	
ermorden	
umbringen	

arbeiten

arbeiten	
schaffen	ge-, schuf
schaffen	(schwaches Verb!)
schuften	
sich beschäftigen	
	● (mit **mir**)
*aus*ruhen	
feiern	
faulenzen	

arbeiten (in der Klasse)

schreiben	geschrieben, schrieb
*ab*schreiben	*ab*geschrieben, schrieb *ab*
*auf*schreiben	*auf*geschrieben, schrieb *auf*
einen Fehler machen	
verbessern	
radieren	
löschen	

linieren		
unterstreichen	unterstrichen, unterstrich	
spitzen		
zeichnen		
malen		
drucken		
kleben		
schneiden	geschnitten, schnitt	
basteln		
läuten		

arbeiten (mit Holz, Metall, Papier)

werken		
schneiden	geschnitten, schnitt	
hobeln		
sägen		
hämmern		
nageln		
bohren		
schrauben		
feilen		
schleifen	geschliffen, schliff	
messen	ge-, maß	du/er mißt
schneiden	geschnitten, schnitt	
reißen	gerissen, riß	
falten		
falzen		
biegen	gebogen, bog	
kleben		

arbeiten (in der Küche)

kochen		
backen	gebacken, buk	
braten	gebraten, briet	
schälen		
schneiden	geschnitten, schnitt	

hacken	
mahlen	
reiben	gerieben, rieb
rühren	
decken	
*ein*gießen	*ein*gegossen, goß *ein*
*auf*tragen	*auf*getragen, trug *auf*
*ab*räumen	
spülen	
*ab*spülen	
*ab*trocknen	

arbeiten (im Haus)

putzen
Staub wischen
sauber machen
kehren

arbeiten (im Büro, auf der Post, beim Rundfunk [= Radio])

telefonieren	
telegrafieren	
läuten	(es läutet)
*an*rufen	*an*gerufen, rief *an*
	(mich)
	● (bei **mir**)
schicken	
*weg*schicken	
senden	gesandt, sandte
	(an mich)
	● **(mir)**
*ab*senden	*ab*gesandt, sandte *ab*
übersenden	übersandt, übersandte
	● **(mir)**
senden (das Radio sendet = das Radio bringt)	(schwaches Verb!)

bringen	gebracht, brachte
*auf*geben	*auf*gegeben, gab *auf*
(= zur Post geben)	
adressieren	
frankieren	
wiegen	gewogen, wog

arbeiten (im Garten, auf dem Feld, im Wald)

pflanzen	
säen	
pumpen	
gießen	gegossen, goß
bewässern	
sprengen	
düngen	
pflügen	
graben	ge-, grub
mähen	
ernten	
fällen	
*um*sägen	
*ab*sägen	

jagen

jagen	
schießen	geschossen, schoß
fischen	
angeln	

arbeiten (an Kleidung, mit Textilien)

nähen
*an*nähen
*ein*fädeln
stopfen

bügeln		
falten		
*zusammen*legen		
schneiden	geschnitten, schnitt	
*ab*schneiden	*ab*geschnitten, schnitt *ab*	
*zu*schneiden	*zu*geschnitten, schnitt *zu*	
messen	ge-, maß	du/er mißt
*an*messen	*an*ge-, maß *an*	

waschen bis anziehen

waschen	ge-, wusch	du/er –ä–
	(mich)	
	• (**mir** das Gesicht)	
baden		
duschen		
*ab*trocknen		
	(mich)	
	• (**mir** das Gesicht)	
die Zähne putzen		
	• (**mir** ...)	
rasieren		
	(mich)	
kämmen		
	(mich)	
	• (**mir** die Haare)	
*an*ziehen	*an*gezogen, zog *an*	
	(mich)	
	(etwas)	
	• (**mir** ... an)	
*aus*ziehen	*aus*gezogen, zog *aus*	
	(mich)	
	(etwas)	
	• (**mir** ... aus)	

*zu*knöpfen	
	(etwas)
	● (**mir** etwas)
*auf*knöpfen	
	(etwas)
	● (**mir** etwas)
*zu*schnüren	
	(etwas)
	● (**mir** etwas)
binden	gebunden, band
	(etwas)
	● (**mir** etwas)
*auf*setzen	
	(etwas)
	● (**mir** etwas)

Was die Dinge „tun" I

brennen	gebrannt, brannte
flackern	
glühen	
rauchen	
qualmen	
leuchten	
scheinen	geschienen, schien
glänzen	
strahlen	
schmelzen	geschmolzen, schmolz
dampfen	
verdunsten	
regnen	
tropfen	
plätschern	
schneien	
hageln	
blitzen	
donnern	
wehen	

stürmen		
riechen	gerochen, roch ● (es riecht nach Gas) (meist ohne Artikel)	

Was die Dinge „tun“ II

gefrieren	ist gefroren, gefror	
*ab*kühlen	ist *ab*gekühlt, kühlte *ab*	
erkalten	ist erkaltet, erkaltete	
tauen		
*auf*tauen	ist *auf*getaut, taute *auf*	

stellen / legen / werfen

stellen		
*auf*stellen		
*hin*stellen		
legen		
stecken		
(*heraus*) ziehen	gezogen, zog ● (aus **dem**)	
heben	gehoben, hob	
*auf*heben	*auf*gehoben, hob *auf*	
hängen		
*auf*hängen		
tragen	getragen, trug	
halten	ge-, hielt	du/er –ä–
*fest*halten	*fest*ge-, hielt *fest*	
fallen lassen	fallen lassen, ließ fallen	
werfen	geworfen, warf	du/er –i–
fangen	gefangen, fing	du/er –ä–
treffen	getroffen, traf	du/er –i–

ziehen / öffnen / schlagen / streicheln

tragen	ge-, trug	du/er –ä–
schleppen		

ziehen	gezogen, zog	
schieben	geschoben, schob	
rollen		
wälzen		
rutschen		
rücken		
bewegen		
drehen		
öffnen		
schließen	geschlossen, schloß	
*auf*schlagen	*auf*ge-, schlug *auf*	du/er –ä–
*zu*schlagen	*zu*ge-, schlug *zu*	
klopfen		
schlagen		
stoßen	ge-, stieß	du/er –ö–
drücken		
reiben	gerieben, rieb	
streichen	gestrichen, strich	
streicheln		

zeigen / nehmen / geben

zeigen		
	(auf mich)	
	• **(mir** ...)	
deuten		
	(auf mich)	
winken		
	• **(mir)**	
nehmen	genommen, nahm	du nimmst/er nimmt
*an*fassen	*an*gefaßt, faßte *an*	
berühren		
packen		
geben	gegeben, gab	du/er –i–
	• **(mir** etwas/Akkusativ)	
schenken		
	• **(mir** etwas/Akkusativ)	

leihen	geliehen, lieh	
	● (**mir** etwas/Akkusativ)	
holen		
	(mich)	
	● (**mir** etwas/Akkusativ)	
bringen		

haben / besitzen

haben	gehabt, hatte	
● gehören		
	● (**mir**)	
sich sorgen	(um) (wegen des/Genitiv)	
● genügen		
	● (**mir**)	
sparen		
gewinnen	gewonnen, gewann	
behalten	behalten, behielt	
suchen		
finden	gefunden, fand	
verlieren	verloren, verlor	
● fehlen		
	● (**mir** fehlt [der Bleistift/Nominativ])	

kaufen / verkaufen

kaufen		
*ein*kaufen		
verkaufen		
bestellen		
nehmen	genommen, nahm	du nimmst/ er nimmt
*ab*nehmen	*ab*genommen, nahm *ab*	
bekommen	bekommen, bekam	
wiegen	gewogen, wog	
*ab*wiegen	*ab*gewogen, wog *ab*	
*ein*wickeln		

verpacken
*ein*packen
kosten
bezahlen
zahlen

stehen /liegen

stehen		gestanden, stand	
*auf*stehen	**bin**	*auf*gestanden, stand *auf*	
sitzen		gesessen, saß	
setzen		gesetzt, setzte	
kauern			
hocken			
liegen		gelegen, lag	
legen			
		(mich)	
fallen	**bin**	gefallen, fiel	du/er –ä–
*um*fallen	**bin**	*um*gefallen, fiel *um*	

sein /wohnen

sein		bin gewesen, war (siehe Hilfsverben!)
wohnen		
	●	(in/bei **dem**)
	●	(bei **mir**)
bewohnen		
leben		
	●	(in **dem**)
	●	(bei **mir**)

gehen /tanzen /klettern /sich bewegen

gehen	**bin**	gegangen, ging	
eilen	**bin**		
rennen	**bin**	gerannt, rannte	
laufen	**bin**	ge-, lief	du/er –äu–

sausen	**bin**		
rasen	**bin**		
springen	**bin**	gesprungen, sprang	
hüpfen	**bin**		
traben	**bin**		
galoppieren	**bin**		
tanzen			
steigen	**bin**	gestiegen, stieg	
klettern	**bin**		
rutschen	**bin**		
stolpern	**bin**		
schlüpfen	**bin**		
sich schlängeln			
kriechen	**bin**	gekrochen, kroch	
schleichen	**bin**	geschlichen, schlich	
schleichen			
sich bewegen			
sich drehen			
sich *um*drehen			
rollen	**bin**		
schwimmen	**bin**	geschwommen, schwamm	

gehen / reisen / kommen

gehen	**bin**	gegangen, ging	
*fort*gehen	**bin**	*fort*gegangen, ging *fort*	
*aus*gehen	**bin**	*aus*gegangen, ging *aus*	
spazierengehen	**bin**	spazierengegangen, ging spazieren	
wandern	**bin**		
*aus*wandern	**bin**		
reisen	**bin**		
überqueren		überquert, überquerte	
besuchen			
begegnen	**bin**	begegnet ● **(mir)**	
treffen		getroffen, traf	du/er –i–
warten auf			
bleiben	**bin**	geblieben, blieb	

sich aufhalten

		● (in dem)	
		● (bei **mir**)	
kommen	**bin**	ge-, kam	
*an*kommen	**bin**	*an*ge-, kam *an*	
*her*kommen	**bin**	*her*ge-, kam *her*	

fahren/fliegen/reisen

fahren	**bin**	ge-, fuhr	du/er –ä–
*ab*fahren	**bin**	*ab*ge-, fuhr *ab*	
*an*kommen	**bin**	*an*ge-, kam *an*	
halten		ge-, hielt	du/er –ä–
*an*halten		*an*ge-, hielt *an*	
*ein*steigen	**bin**	*ein*gestiegen, stieg *ein*	
*aus*steigen	**bin**	*aus*gestiegen, stieg *aus*	
*zusammen*stoßen	**bin**	*zusammen*gestoßen, stieß *zusammen*	du/er stößt
		● (mit **mir**)	
fliegen	**bin**	geflogen, flog	
überfliegen		überflogen, überflog	
starten	**bin**		
landen	**bin**		
*ab*stürzen	**bin**		
reiten	**bin**	geritten, ritt	
reisen	**bin**		
*ab*reisen	**bin**		
verreisen	**bin**	verreist, verreiste	

sein/existieren

sein	**bin**	gewesen, war
existieren		
bestehen		bestanden, bestand

sein / sich befinden

sein	**bin**	gewesen, war	
sich befinden		befunden, befand (ich befinde mich)	
sich *auf*halten		*auf*gehalten, hielt sich *auf*	
wohnen			
bewohnen			
stehen	**ist**	gestanden, stand	
liegen	**ist**	gelegen, lag	
hängen	**bin**	gehangen, hing	
stecken			
kleben			
gehören			
	●	**(mir)**	
	●	(zu **mir**)	

schlafen

schlafen		geschlafen, schlief	du/er –ä–
*ein*schlafen	**bin**	*ein*geschlafen, schlief *ein*	
*aus*schlafen		*aus*geschlafen, schlief *aus*	
verschlafen		ver-, verschlief	
träumen			
wachen			
*auf*wachen	**bin**		
ermüden	**bin**	ermüdet	
ruhen			
*aus*ruhen		(ich ruhe aus) (auch refl.: ich ruhe mich aus) (bin ausgeruht = bin nicht mehr müde)	

leben / sterben

geboren werden	**bin**	geboren (worden), wurde geboren	
leben			
wachsen	**bin**	gewachsen, wuchs	du/er –ä–
*auf*wachsen			

*zu*nehmen		*zu*genommen, nahm *zu*	du nimmst/er nimmt
*ab*nehmen		*ab*genommen, nahm *ab*	
sterben	**ist**	gestorben, starb	du/er –i–
	ist	verstorben, (ver)starb	
begraben		begraben, begrub	

frieren / schwitzen

frieren		gefroren, fror
erfrieren	**ist**	erfroren, erfror
gefrieren	**ist**	gefroren, gefror
wärmen		
sich wärmen		
schwitzen		

krank werden / gesund werden

erkranken	**bin**		
krank werden	**bin**	krank geworden, wurde krank	
(sich) erbrechen		erbrochen, erbrach	du/er –i–
brechen		gebrochen, brach (das Bein) ● (mir das Bein)	du/er –i–
(sich) verletzen			
bluten			
schmerzen			
= wehtun		wehgetan, tat weh ● (es/Nominativ tut **mir** weh)	
(sich) verbrennen		verbrannt, verbrannte (mich) ● (**mir** den Fuß ...)	
(sich) brennen		gebrannt, brannte (mich)	

fiebern		
frieren		gefroren, fror
(sich)		
erfrieren		erfroren, erfror
		● (**mir** den Fuß)
erfrieren		ist erfroren, erfror
zittern		
schwitzen		
verbinden		verbunden, verband
heilen		
		(die Wunde/[Nominativ] heilt)
		(der Arzt heilt mich)
gesund		
werden	**bin**	gesund geworden, wurde gesund
gesund		
sein	**bin**	gesund

Reflexive Verben

mit Akkusativ	mich	dich	sich	uns	euch	sich
			sich			sich
			sich			

sich bücken
sich *auf*richten
sich setzen
sich bewegen
sich entfernen
sich beeilen
sich erkundigen
sich erinnern
sich irren
sich wundern
sich schämen
sich freuen
sich beklagen
sich erholen
sich bemühen
sich weigern

mit Dativ	**mir**	**dir**	**sich** **sich** **sich**	**uns**	**euch**	**sich** **sich**

- sich *ein*bilden
- sich erlauben

Verben mit Präposition + Dativ

• sich fürchten **vor**	
• warnen **vor**	
• *teil*nehmen **an**	*teil*genommen, nahm *teil* **an**
• leiden **an**	gelitten, litt **an**
• sterben **an**	gestorben, starb **an**
• zweifeln **an**	
• sprechen **von/mit**	gesprochen, sprach **von/mit**
• reden **von/mit**	

Verben mit Präposition + Akkusativ

denken *an*	gedacht, dachte an	
sich erinnern *an*		
achten *auf*		
hoffen *auf*		
glauben *an*		
sich verlassen *auf*	ver-, verließ auf	du/er verläßt
*nach*denken *über*	*nach*gedacht, dachte *nach über*	
sprechen *über*	gesprochen, sprach über	
reden *über*		
warten *auf*		
sich freuen *auf*		
sich ärgern *über*		
(sich be)klagen *über*		

Verben mit Dativ

• helfen	geholfen, half
• gehören	

• gefallen		gefallen, gefiel
• sagen		
• antworten		
• danken		
• *zu*hören		
• versprechen		versprochen, versprach
• raten		ge-, riet
• nützen		
• schaden		
• begegnen		
• *auf*fallen	**ist**	*auf*gefallen, fiel mir *auf*
• *ein*fallen	**ist**	*ein*gefallen, fiel mir *ein*
• schmecken		
• scheinen		geschienen, schien (mir scheint – oder: es scheint mir, daß)
• leid tun		leid getan, tat mir leid (das/es tut mir leid)

Imperativ 2. Person Singular (du)

Ausnahme: Wechsel des Stammvokals
(= Übernahme des Vokals der 3. Pers. Singular)

iß (essen)
friß (fressen)
miß (messen)
vergiß (vergessen)
gib (geben)
hilf (helfen)
nimm (nehmen)
brich (brechen)
sprich (sprechen)
wirf (werfen)
lies (lesen)
sieh (sehen)
befiehl (befehlen)

Adjektive

Farbe

weiß ↔ schwarz
grau
braun
rot
orange
gelb
grün
blau
violett
bunt
hell ↔ dunkel (dunkler)
klar ↔ trüb

Dimension / Form

groß ↔ klein
riesig ↔ winzig
hoch (höher) ↔ niedrig
lang ↔ kurz
breit ↔ schmal
weit ↔ eng
dick ↔ dünn
rund ↔ eckig
abgerundet
kreisförmig
oval
rechtwinklig
schief
flach
eben ↔ uneben

Zustand I

naß (nässer) ↔ trocken
feucht
flüssig ↔ fest
weich ↔ hart (")

stumpf ↔ spitz scharf (″)
glatt ↔ rauh
klar ↔ trübe
sauber ↔ schmutzig
heiß ↔ kalt (″)
warm (″)
lau ↔ kühl
mild
schnell ↔ langsam

Zustand II

fertig ↔ unfertig
reif ↔ unreif
verdorben ↔ frisch
welk faul

Menge

viel (mehr, am meisten) viele ↔ wenig wenige
voll ↔ leer
ganz (keine Steigerung!)
halb (keine Steigerung!)
doppelt (keine Steigerung!)
einfach
teuer (teurer) ↔ billig
reich ↔ arm (″)

Qualität

gut (besser, am besten) ↔ schlecht
richtig ↔ falsch
echt ↔ unecht falsch
positiv ↔ negativ
gleich ↔ ungleich
  verschieden anders
  (keine Steigerung!)

normal ↔ unnormal
anomal
genau ↔ ungenau klar ↔ unklar deutlich ↔ undeutlich
sicher ↔ unsicher
möglich ↔ unmöglich
interessant ↔ uninteressant
kurzweilig ↔ langweilig

Körper

gesund (″) ↔ krank (″)
lebendig ↔ tot
blind
taub schwerhörig
lahm gelähmt
stark (″) ↔ schwach (″)
kräftig
ausgeruht ↔ müde schläfrig
frisch munter wach
ruhig ↔ unruhig aufgeregt
leise ↔ laut
still
hungrig ↔ satt durstig
dünn ↔ dick mager ↔ fett
schön ↔ häßlich schlank ↔ plump

Intelligenz

klug (″) ↔ dumm (″)
intelligent gescheit
geschickt ↔ ungeschickt

Gemüt/Charakter

lustig ↔ traurig
froh
heiter ↔ ernst

mild ↔ streng
glücklich ↔ unglücklich
gut (besser, am besten) ↔
böse
freundlich lieb nett ↔
unfreundlich
zart ↔ grob
mutig ↔ ängstlich
vorsichtig ↔
unvorsichtig leichtsinnig
konzentriert ↔
unkonzentriert
ordentlich ↔ unordentlich
fleißig ↔ faul
tüchtig ↔ untüchtig
pünktlich ↔ unpünktlich
neugierig

ruhig ↔ aufgeregt

aufmerksam ↔
unaufmerksam, zerstreut
schlampig, gleichgültig

Geschmack

süß
salzig
sauer
herb
bitter
mild
gut ↔ schlecht

Zeit

neu ↔ alt (")
jung (") ↔ alt (")
modern ↔ unmodern
früh ↔ spät
pünktlich ↔ unpünktlich

Substantive

Schule

Bleistift, –e	Heft, –e	
Buntstift, –e	Rechenheft, –e	
Farbstift, –e	Papier, –e	
Spitzer, –	Blatt, ¨–er	Seite, –n
Radiergummi, –s	Tintenglas, ¨–er	Tinte, –n
Füller, –	Tintenfaß, –fässer	
Kugelschreiber, –		
Winkel, –	Lineal, –e	
Zirkel, –		
Pinsel, –		
Malkasten, ¨–	Glas, ¨–er	Farbe, –n
Block, ¨–e	Bild, –er	Wasserfarbe, –n
Plan, ¨–e		Ölfarbe, –n
Atlas, Atlanten	Buch, ¨–er	Zeichnung, –en
Kartenständer, –	Lesebuch, ¨–er	Karte, –n
Kalender, –	Wörterbuch, ¨–er	
Ordner, –	Lexikon, Lexika	Tasche, –n
Sandkasten, ¨–		Mappe, –n
Schwamm, ¨–e	Waschbecken, –	Tafel, –n
Lappen, –		Kreide, –n
		Farbkreide, –n
Tisch, –e	Pult, –e	
Stuhl, ¨–e	Fenster, –	Wand, ¨–e
Platz, ¨–e	Licht, –er	Decke, –n
Schrank, ¨–e		Lampe, –n
Boden, ¨–		Werkstatt, ¨–en
Gang, ¨–e		
Fußboden, ¨–		Toilette, –n
Hof, ¨–e	Schulzimmer, –	Dusche, –n
Saal, Säle	Schulhaus, ¨–er	Bücherei, –en
Sportplatz, ¨–e	Büro, –s	Aula, –s (Aulen)
Spielplatz, ¨–e	Direktorat, –e	
Eingang, ¨–e	Tor, –e	Tür, –en
	Lehrerzimmer, –	
	Schwimmbecken, –	
Kurs, –e	Zeugnis, –se	Klasse, –n
Lehrer, –		Lehrerin, –nen
Schüler, –	Schülerparlament, –e	Schülerin, –nen

Direktor, –en		Direktorin, –nen
Hausmeister, –	Schuljahr, –e	
Sprecher, –		Probe, –n
Vertreter, –	Schuljahrsende,	Prüfung, –en
Schuljahrsanfang, (¨–e)	Fest, –e	Verbesserung, –en
		Note, –n
		Stunde, –n
Unterricht	Fach, ¨–er	Erziehung
		Frage, –n
		Antwort, –en

Schreiben

Buchstabe, –n	Wort, ¨–er	Ziffer, –n
Satz, ¨–e		Zahl, –en
Punkt, –e	Satzzeichen, –	Zeile, –n
Strichpunkt, –e	Komma, –s	
	Fragezeichen, –	
	Ausrufezeichen, –	
		Korrektur, –en
Fehler, –		Verbesserung, –en
		Schrift, –en
	Schreiben, –	Handschrift, –en
	Schriftstück, –e	
	Wort, –e	
Aufsatz, ¨–e	Diktat, –e	

Kunst, ¨–e

		Musik (, *–en*)
	Lied, –er	Stimme, –n
Sänger, –		Sängerin, –nen
	Klavier, –e	Violine, –n
		Flöte, –n
		Trommel, –n
Chor, ¨–e	Orchester, –	Orgel, –n
Dirigent, –en		
Gesang (, ¨–e)		
		Melodie, –n
		Oper, –n
Plattenspieler, –		Schallplatte, –n

Radioapparat, –e	Radio, –s	Sendung, –en
	Hörspiel, –e	Nachrichten (Plural!)
Fernsehapparat, –e		
	Fernsehen	
Film, –e	Kino, –s	Filmkamera, –s
Filmapparat, –e	Filmgerät, –e	Leinwand, ¨–e
Projektor, –en		
Ton (, ¨–e)		
Star, –s		
Schauspieler, –		Schauspielerin, –nen
	Theater, –	Bühne, –n
	Schauspiel, –e	Szene, –n
	Drama, Dramen	Tragödie, –n
Schauspieler, –	Stück, –e	Schauspielerin, –nen
	Werk, –e	Rolle, –n
	Spiel, –e	Besetzung, –en
	Programm, –e	
Kritiker, –		Kritik, –en
Maler, –	Bild, –er	*Malerei (, –en)*
Bildhauer, –		*Plastik, –en*
		bildende Kunst, ¨–e
Dichter, –		*Dichtung, –en*
		Prosa
Lyriker, –		Lyrik
Poet, –en		Poesie, –n
Künstler, –		Kunst, ¨–e

Sport

Sportler, –		Sportlerin, –nen
Fußball, ¨–e	Tor, –e	
Handball, ¨–e		
Fußballspieler, –		
Handballspieler, –		
	Spiel, –e	
	Fußballspiel, –e	

	Handballspiel, –e	
	Tennisspiel, –e	
	Tischtennisspiel, –e	
	(wird auch ohne „–spiel“ gebraucht, dabei fällt auch Artikel und Plural weg: „Fußball“)	
Lauf, ¨–e		
Hundertmeterlauf, ¨–e		
Wurf, ¨–e	Kugelstoßen	
Speerwurf, ¨–e		
Sprung, ¨–e		
Weitsprung, ¨–e		
Hochsprung, ¨–e		
Stabhochsprung, ¨–e		
	Schwimmen	
	Kunstspringen	
	Reiten	
Sieger, –		Siegerin, –nen
Sieg, –e		
Verlierer, –		Niederlage, –n
Wettkampf, ¨–e	Spiel, –e	
	Länderspiel, –e	
		Olympiade, –n
		Medaille, –n

Tier, -e

Esel, –	Pferd, –e	
	Fohlen, –	
	Kalb, ¨–er	Kuh, ¨–e
Kater, –		Katze, –n
		Maus, ¨–e
Hund, –e		Hündin, –nen
	Schwein, –e	
	Ferkel, –	
	Maultier, –e	
Hase, –n	Reh, –e	
Hirsch, –e		

Igel, –		
Hahn, ¨e	Huhn, ¨er	Henne, –n
	Kücken, –	
Gänserich, –e		Gans, ¨e
Enterich, –e		Ente, –n
Puter, –		Pute, –n
Vogel, ¨		
Fisch, –e		
Hering, –e		
Krebs, –e		
Schmetterling, –e		Fliege, –n
Floh, ¨e		Mücke, –n
		Biene, –n
		Wespe, –n
		Ameise, –n
	Insekt, –en	

Pflanze, -n

Baum, ¨e		Birke, –n
Apfelbaum, ¨e		Buche, –n
Birnbaum, ¨e		Eiche, –n
Kirschbaum, ¨e		Fichte, –n
Nußbaum, ¨e		Linde, –n
Pflaumenbaum, ¨e		Tanne, –n
Pfirsichbaum, ¨e		Palme, –n
Stamm, ¨e		Wurzel, –n
Ast, ¨e	Holz, ¨er	Rinde, –n
Zweig, –e		
	Blatt, ¨er	Blüte, –n
		Frucht, ¨e
Apfel, ¨		Birne, –n
		Kirsche, –n
		Nuß, Nüsse
Pfirsich, –e		Pflaume, –n
	Obst	
Wald, ¨er		
Busch, ¨e		
Strauch, ¨er		Hecke, –n

		Blume, –n
Enzian, –e	Veilchen, –	Nelke, –n
		Rose, –n
		Tulpe, –n
		Geranie, –n
Stengel, –	Blatt, ¨–er	Wurzel, –n
		Knospe, –n
Blütenstaub	Blütenblatt, ¨–er	Blüte, –n
Same, –n		
Garten, ¨–	Beet, –e	
Gärtner, –	Gartenhaus, ¨–er	
	Gras, ¨–er	
Halm, –e		Ähre, –n
	Korn, ¨–er	Frucht, ¨–e
Mais		
Weizen		
Roggen		
Acker, ¨–	Feld, –er	*Wiese, –n*
		Weide, –n
		Saat, –en
		Ernte, –n

Erde

Boden, ¨–		Ebene, –n
Grund, ¨–e		Fläche, –n
Staub		Erde, –n
Stein, –e	Geröll, (–e)	
Sand, (–e)		
Ton		
Lehm		
Hügel, –		Erhebung, –en
Berg, –e	Gebirge, –	
Gipfel, –		
		Spitze, –n
		Kuppe, –n
Abhang, ¨–e	Gefälle, (–)	Steigung, –en
Graben, ¨–	Loch, ¨–er	Schlucht, –en

	Tal, ¨–er	Höhle, –n
Dreck		
Sumpf, ¨–e		
Schmutz		
	Gelände	Gegend, –en
Norden		Himmelsrichtung, –en
Süden		
Westen		
Osten		
Globus, Globen		Erdkugel, –n
Pol, –e		
Polarkreis, –e		
Äquator		
Wendekreis, –e		
Meridian, –e		
Längengrad, –e		Länge, –n
Breitengrad, –e		Breite, –n
	Weltall	*Erde*
Weltraum	Universum	Welt, –en
Himmel, –	Firmament, –e	
Mond, –e		Sonne, –n
Stern, –e	Gestirn, –e	
Fixstern, –e		
Planet, –en		
Satellit, –en		
Meteor, –e		Sternschnuppe, –n
Astronom, –en	Fernrohr, –e	Astronomie
	Planetarium, Planetarien	Sternwarte, –n
Astronaut, –en		

Wasser

Quell, –en		
Bach, ¨–e	Bachbett	Quelle, –n
Fluß, Flüsse	Ufer, –	Insel, –n
Nebenfluß, ¨–sse	Quellwasser	Halbinsel, –n
Flußarm, –e	Flußbett	
Strom, ¨–e	Flußwasser	Strömung, –en

Wasserfall, ¨–e		Stromschnelle, –n
Schaum		Welle, –n
		Woge, –n
Kanal, ¨–e		Schleuse, –n
Teich, –e		Mündung, –en
See, –n	Meerwasser	
Ozean, –e	Meer, –e	See, –n
	Binnenmeer, –e	Dünung, –en
Golf, –e	Weltmeer, –e	Bucht, –en
Strand, ¨–e		Brandung, –en
	Gewässer, –	
Brunnen, –	Trinkwasser	Wasserleitung, –en
Pumpbrunnen, –	Abwasser, (¨–)	

Wetter

Regen	Gewitter, –	Gewitterwolke, –n
Schnee		Regenwolke, –n
Hagel		
Blitz, –e	Gewölk	Wolke, –n
Donner, –		Wolkendecke, –n
Wind, –e		Luft, ¨–e
Nordwind, –e		
Sturm, ¨–e		
Orkan, –e		Windstille
Zug		Zugluft
Luftzug		
Windstoß, ¨–e		
Sonnenschein	Sommerwetter	Wärme
	etc.	Hitze
Grad, –e	Thermometer, –	Temperatur, –en
	Barometer, –	

Feuer

	Streichholz, ¨–er	
	Feuerzeug, –e	
	Öl, –e	Kohle, –n

Spiritus
Funke, –n
Rauch
Brand, –̈e

Petroleum
Benzin

Licht, –er

Kerze, –n

Flamme, –n
Glut, –en
Feuersbrunst, –̈e
Lampe, –n
Leuchte, –n

Zeit

Moment, –e
Augenblick, –e

Sekunde, –n
Minute, –n
Viertelstunde, –n
halbe Stunde, –n
Dreiviertelstunde, –n
Stunde, –n

Tag, –e
Morgen
Vormittag, –e
Mittag, –e
Nachmittag, –e
Abend, –e

Nacht, –̈e
Mitternacht, (–̈e)

Sonntag, –e
Montag, –e
Dienstag, –e
Mittwoch
Donnerstag, –e
Freitag, –e
Samstag, –e
(Sonnabend, –e)
Werktag, –e
Feiertag, –e
Monat, –e
Januar
Februar
März

Vierteljahr, –e

April		
Mai	halbe(s) Jahr	
Juni	Halbjahr, –e	
Juli		
August		
September	Dreivierteljahr, –e	
Oktober		
November		
Dezember	Jahr, –e	
	Jahrzehnt, –e	
	Jahrhundert, –e	
	Jahrtausend, –e	
Frühling		
Sommer		
Herbst, –e		Jahreszeit, –en
Winter		
Anfang, –̈e	Ende, –n	Zeit, –en
Beginn		
Schluß, Schlüsse	Alter	Jugend
		Erinnerung, –en
Tod	Leben	Vergangenheit
		Zukunft

Körper I

Kopf, –̈e	Gesicht, –er	Stirn, –en
Hinterkopf, –̈e	Auge, –n	Nase, –n
	Lid, –er	Wange, –n
	Ohr, –en	= Backe, –n
	Kinn	Falte, –n
Bart, –̈e	Haar, –e	Braue, –n
Schnurrbart, –̈e	(H*ä*rchen)	Wimper, –n
		Locke, –n
Mund, –̈er		Lippe, –n
Zahn, –̈e		Zunge, –n
Kiefer, –		
Hals, –̈e		Schulter, –n
Rücken, –		Brust, –̈e
Bauch, –̈e		Hüfte, –n

Leib, –er		
Körper, –		
Arm, –e	Handgelenk, –e	Hand, ¨e
Ellbogen, –		Handfläche, –n
Finger, –		
Daumen, –		
Zeigefinger, –		
Mittelfinger, –		
Ringfinger, –		
kleine(r) Finger, –		
Fingernagel, ¨		
Schenkel, –	Bein, –e	
Knöchel, –	Knie, –	
Fuß, ¨e		
Zeh, –en		Zehe, –n
Zehennagel, ¨		Ferse, –n
		Fußsohle, –n

Körper II

	Organ, –e	
Magen, ¨	Herz, –en	Haut, ¨e
Darm, ¨e	Blut	Lunge, –n
	Gedärm, –e	
		Ader, –n
Knochen, –	Skelett, –e	
Muskel, –n	Gehirn, –e	
Nerv, –en		
Geschmack	Gehör	
Geruch, ¨e	Gefühl, –e	

Kleidung

Rock, ¨e	Kleid, –er	Bluse, –n
Unterrock, ¨e	Kostüm, –e	
Anzug, ¨e		
Schlafanzug, ¨e		
Badeanzug, ¨e		

	Hemd, –en	Hose, –n
	Unterhemd, –en	Unterhose, –n
		Wäsche
Pullover, –		Jacke, –n
		Weste, –n
Mantel, ¨		
Kragen, ¨	Hosenbein, –e	Manschette, –n
Ärmel, –		Krawatte, –n
Strumpf, ¨e	Paar, –e	Socke, –n
Schuh, –e		Sandale, –n
Hausschuh, –e		
Pantoffel, –n		
Stiefel, –		
Absatz, ¨e		Sohle, –n
Hut, ¨e		Mütze, –n
Gürtel, –		
Träger, –		
Hosenträger, –		
Knopf, ¨e	Knopfloch, ¨er	
Stoff, –e	Leinen	Seide
Pelz, –e	Tuch, –e	Wolle
Faden, ¨	Tuch, ¨er	
Armreif, –en	Armband, ¨er	Armbanduhr, –en
Ring, –e	Gold	Kette, –n
Edelstein, –e	Silber	Perle, –n
Schmuck		
		Mode, –n

Essen /Trinken

	Brötchen, –	Torte, –n
Kuchen, –	Plätzchen, –	
Keks, –e	Brot, –e	
Teig	Gebäck, –e	
Schinken, –	Fleisch	Wurst, ¨e
Braten, –	Fett, –e	
Fisch, –e	Ei, –er	
Käse, –		Butter
Quark		

	Kompott	Suppe, –n
Brei		Soße, –n
Auflauf, ¨–e		Vorspeise, –n
Pudding		Nachspeise, –n
Salat, –e		Nudel, –n
Reis	Mehl	Haferflocken (Pl.!)
Mais	Öl, –e	Kartoffel, –n
Grieß		
Sellerie	Gemüse, –	Bohne, –n
Spinat		Tomate, –n
Kohl		Gurke, –n
Apfel, ¨–	Obst	Birne, –n
		Apfelsine, –n
		(Orange, –n)
		Banane, –n
Tee, –s	Getränk, –e	Milch
Kaffee	Wasser	Limonade, –n
Saft, ¨–e		
Wein, –e	Bier, –e	
Schnaps, ¨–e		
Likör, –e		
Alkohol		

Essen bis Rauchen

	Essen	Mahlzeit, –en
	Frühstück	Speise, –n
	Mittagessen	
	Abendessen	
		Ernährung
Hunger		Nahrung
Appetit		
Durst	Getränk, –e	
		Verdauung
Tabak, –e	Streichholz, ¨–er	Zigarette, –n
	Feuerzeug, –e	Zigarre, –n
		Packung, –en
		Pfeife, –n
	Genußmittel	

Haus, ¨er / Wohnung, -en

Eingang, ¨e
Schlüssel

Flur, –e
Gang, ¨e
Keller, –
Dachboden, ¨
Raum, ¨e

Balkon, –e
Hof, ¨e
Garten, ¨
Anbau, –ten
Schuppen, –
Fußboden, ¨

Mieter, –
Vermieter, –
Mietvertrag, ¨e

Dach, ¨er
Fundament, –e
Schloß, Schlösser
Fenster, –
Geländer, –
Treppenhaus, ¨er

Zimmer, –
Wohnzimmer, –
Kinderzimmer, –
Arbeitszimmer, –
Schlafzimmer, –
Badezimmer, –
Gästezimmer, –
Klosett, –s
Stockwerk, –e

Mauer, –n
Wand, ¨e
Tür, –en

Treppe, –n

Diele, –n
Stube, –n
Küche, –n

Toilette, –n

Terrasse, –n
Veranda, Veranden

Wand, ¨e
Decke, –n
Ecke, –n
Miete, –n

Küche, -n

Herd, –e
Gasherd, –e
Elektroherd, –e
Kühlschrank, ¨e

Topf, ¨e
Deckel, –
Eimer, –

Gas, –e

Gefäß, –e

Anrichte, –n

Spüle, –n
Speisekammer, –n
Pfanne, –n

Becher, –	Glas, ¨–er	Flasche, –n
Krug, ¨–e		
Teller, –	Geschirr	Schüssel, –n
	Geschirrtuch, ¨–er	Kanne, –n
		Tasse, –n
		Untertasse, –n
Löffel, –	Besteck, –e	Gabel, –n
Teelöffel, –	Messer, –	Küchenmaschine, –n
Haushalt, –e		Hausfrau, –en

Badezimmer, -

Waschlappen, –	Handtuch, ¨–er	Seife, –n
Kamm, ¨–e	Badetuch, ¨–er	Badewanne, –n
Spiegel, –		Zahnbürste, –n
		Zahnpaste, –n
Wasserhahn, ¨–e	Waschbecken, –	Dusche, –n
	Klosett, –s	Toilette, –n

Wohnzimmer, -

Tisch, –e	Möbel, –	Schublade, –n
Eßtisch, –e		Platte, –n
Schreibtisch, –e	Regal, –e	
	Fach, ¨–er	
Schrank, ¨–e		Truhe, –n
		Kommode, –n
Stuhl, ¨–e		Bank, ¨–e
	Bein, –e	Lehne, –n
Sessel, –	Sofa, –s	
Hocker, –		
	Kissen, –	
Fernsehapparat, –e	Radio, –s	
Ofen, ¨–		Heizung, –en
Papierkorb, ¨–e		
Teppich, –e	Bild, –er	Vase, –n
Vorhang, ¨–e		Lampe, –n
Stecker, –		Steckdose, –n
Schalter, –		

Schlafzimmer, -

	Bett, –en	
	Kopfkissen, –	Decke, –n
Bezug, ¨–e	Bettzeug	
	Leintuch, ¨–er	
Schrank, ¨–e	Fach, ¨–er	Kommode, –n
Kleiderbügel, –	Bettuch, ¨–er	
Spiegel, –		
Hocker, –		

Flur, -e / Diele, -n

Gang, ¨–e		
		Garderobe, –n

Bau, -ten

	Bauwerk, –e	
	Gebäude, –	
	Haus, –er	
	Wohnhaus, –er	
	Schulhaus, ¨–er	Schule, –n
	Mietshaus, ¨–er	
Wolkenkratzer, –		Hütte, –n
Turm, ¨–e		Baracke, –n
		Halle, –n
	Labor, –s	Fabrik, –en
		Kirche, –n
		Tankstelle, –n
		Garage, –n
Stall, ¨–e		
Schuppen, –		
Lagerraum, ¨–e	Lagerhaus, ¨–er	Scheune, –n
Silo, –s		
Pfeiler, –		Säule, –n
Bogen, –	Tor, –e	Brücke, –n
Palast, ¨–e	Schloß, Schlösser	Burg, –en

Tempel, –
Stein, –e
Mörtel
Zement
Beton
Maurer, –

Pyramide, –n
Baustelle, –n
Mauer, –n

Werkzeug, -e

Hammer, ¨
Nagel, ¨

Bohrer, –
Schraubenzieher, –
Hobel, –
Besen, –
Rechen, –
Spaten, –

Messer, –

Schere, –n
Nadel, –n
Zange, –n
Schraube, –n
Säge, –n
Bürste, –n
Schaufel, –n
Hacke, –n

Elektrogerät, -e

Stecker, –
Schalter, –

Heizapparat, –e
Rasierapparat, –e
Staubsauger, –
Plattenspieler, –
Fernsehapparat, –e
Elektromotor, –en
Transformator, –en
Strom, ¨e

Kabel, –
Netz, –e

Heizkissen, –
Bügeleisen, –

Radio, –s
Tonbandgerät, –e

Steckdose, –n
Sicherung, –en
Leitung, –en
Waschmaschine, –n
Nähmaschine, –n

Elektrizität
Reparatur, –en
Technik
Elektrotechnik

Spielzeug, Pl.: Spielsachen

Bär, –en		Puppe, –n
Teddybär, –en		
Kasperle		
		Puppenstube, –n
Ball, –̈e		
Fußball, –̈e		
Reifen, –		
Bauklotz, –̈e	Bauklötzchen, –	
Baukasten, –̈		
Wagen, –		
Lastwagen, –	Auto, –s	
Puppenwagen, –	Dreirad, –̈er	
		Schaukel, –n
	Spiel, –e	
	Quartett, –e	
	Schachspiel, –e	
	Damespiel, –e	
	Mühlespiel, –e	
	Kartenspiel, –e	
	(wird auch ohne „-spiel“ gebraucht, dabei fallen Artikel und Plural weg: „ich spiele Schach“)	

Krankheit, -en

Schnupfen		Erkältung, –en
Husten		Grippe
Scharlach		Masern
		Diphterie
		Pocken
Kopfschmerz, –en	Fieber	Entzündung, –en
Bruch, –̈e		Verletzung, –en
Beinbruch, –̈e		
Arzt, –̈e		Ärztin, –nen
		Untersuchung, –en
Verband, –̈e		Behandlung, –en
Apotheker, –		Apothekerin, –nen
		Apotheke, –n

	Medikament, –e	Medizin, –en
		Salbe, –n
		Tablette, –n
Laborant, –en	Labor, –s	Laborantin, –nen
		Watte
	Krankenhaus, ¨–er	
Patient, –en		Schwester, –n
		Patientin, –nen
Pfleger, –		Pflegerin, –nen
		Pflege

Familie, -n

Vater, ¨–		Eltern (Plural!)
	Kind, –er	Mutter, ¨–
Sohn, ¨–e		Tochter, ¨–
Großvater, ¨–		Großmutter, ¨–
Enkel, –	Enkelkind, –er	Enkelin, –nen
Bruder, ¨–		Schwester, –n
Vetter, –n		Base, –n
		= Kusine, –n
Knabe, –n	Mädchen, –	
Junge, –n		
Stiefvater, ¨–	Pflegekind, –er	Stiefmutter, ¨–
Onkel, –		Tante, –n
Neffe, –n		Nichte, –n
Bräutigam		Braut, ¨–e
Ehemann, ¨–er		Ehefrau, –en
		Ehe, –n
		Eheleute (Plural!)
Schwiegervater, ¨–		Schwiegermutter, ¨–
Schwager, ¨–		Schwägerin, –nen
Witwer, –		Witwe, –n
	Waisenkind, –er	Waise, –n
Verwandte, –n		Verwandte, –n
		Verwandtschaft, –en
Vorfahr, –en		
Herr, –n/–en	Fräulein	Frau, –en
		Dame, –n

Mann, ¨-er	Kind, -er	Frau, -en
Mensch, -en		Leute (Plural!)
Name, -n		
Vorname, -n		
Familienname, -n		
		Person, -en

Freund, -e/Feind, -e

Nachbar, -n		Freundin, -nen
		Nachbarin, -nen
		Freundschaft, -en
		Liebe
		Achtung
		Güte
		Hilfe, -n
Dank		Bitte, -n
Besucher, -		Besucherin, -nen
Besuch, -e		
Gast, ¨-e		
Gruß, ¨-e		Begrüßung, (-en)
Abschied		Verabschiedung
Feind, -e		Feindin, -nen
Streit, Streitigkeiten		Feindschaft, -en
Neid		
Haß		
Zorn		Wut
		Angst, ¨-e
Kampf, ¨-e		
Krieg, -e		

Gemeinschaft, -en

Bürger, -	Volk, ¨-er	Politik
Staat, -en	Land, ¨-er	Gemeinde, -n
	Inland	Staatsangehörigkeit, -en
Ausländer, -	Ausland	Ausländerin, -nen
Deutsche, -n	Heimatland, ¨-er	Deutsche, -n

	Nachbarland, ¨er	
	Gebiet, –e	Grenze, –n
		Heimat
		Welt (, –n)
Politiker, –		Politik
		Partei, –en
Kandidat, –en	Wahlrecht	Wahl, –en
		Abstimmung, –en
Stimmzettel, –		Stimme, –n
Präsident, –en		
Kanzler, –	Ministerium, Ministerien	Regierung, –en
Minister, –		Opposition
Rechtsstaat, –en	Recht, –e	Verfassung, –en
	Gesetz, –e	Demokratie, –n
		Republik, –en
König, –e	Reich, –e	Monarchie, –n
Kaiser, –	Imperium, Imperien	
		Diktatur, –en
Bürgerkrieg, –e		Revolution, –en
Krieg, –e		
Friede(n)		Freiheit, –en
	Menschenrecht, –e	Unfreiheit
		Unterdrückung, –en

Land, ¨er

Nationalität, –en	
Ägypter, –	Ägypten
Argentinier, –	Argentinien
Australier, –	Australien
Belgier, –	Belgien
Bolivianer, –	Bolivien
Brasilianer, –	Brasilien
Chilene, –n (n)	Chile
Chinese, –n (n)	China
Cubaner, –	Cuba (Kuba)
Däne, –n (n)	Dänemark
Deutsche(r), Deutschen(n)	Deutschland

Ecuadorianer, –	Ecuador
Engländer, –	England
Franzose, –n (n)	Frankreich
Grieche, –n (n)	Griechenland
Inder, –	Indien
Israeli, –s	Israel
Italiener, –	Italien
Japaner, –	Japan
Jugoslawe, –n (n)	Jugoslawien
Kanadier, –	Kanada
Kolumbianer, –	Kolumbien (Columbien)
Mexikaner, –	Mexiko (Mexico)
Nordamerikaner, –	Nordamerika
Norweger, –	Norwegen
Peruaner, –	Peru
Russe, –n (n)	Rußland
Schwede, –n (n)	Schweden
Schweizer, –	(die) Schweiz
Venezolaner, –	Venezuela

Stadt, ¨–e

Bahnhof, ¨–e	Taxi, –s	Straßenbahn, –en
Flugplatz, ¨–e		U-Bahn, –en
		Haltestelle, –n
Gehsteig, –e		Straße, –n
Platz, ¨–e		Hausnummer, –n
		Adresse, –n
	Hotel, –s	Pension, –en
	Gasthaus, ¨–er	
	Restaurant, –s	
Polizist, –en (n)	Postamt, ¨–er	Polizei
	Reisebüro, –s	
	Kaufhaus, ¨–er	
Park, –s		Anlage, –n
Marktplatz, ¨–e		
Spielplatz, ¨–e		
Sportplatz, ¨–e	Bad, ¨–er	Badeanstalt, –en
Friedhof, ¨–e		

	Kino, –s	
	Theater, –	
Bürgermeister, –	Rathaus, ¨–er	Stadtverwaltung, –en
Beamte, –n (n)	Amt, ¨–er	Gemeinde, –n
(ein Beamte*r*)	Büro, –s	Abteilung, –en
Stempel, –		
Ausweis, –e	Dokument, –e	
Ort, –e	Dorf, ¨–er	Stadt, ¨–e
		Kleinstadt, ¨–e
		Großstadt, ¨–e
		Altstadt, ¨–e
		Hauptstadt, ¨–e
Vorort, –e		Vorstadt, ¨–e
		Innenstadt, ¨–e

Verkehr

		Reise, –n
Zug, ¨–e	Geleise, –	Schiene, –n
Personenzug, ¨–e		Lokomotive, –
Eilzug, ¨–e		Eisenbahn, –en
Schnellzug, ¨–e		
D-Zug, ¨–e		
Güterzug, ¨–e		
Eisenbahnwagen, ¨–		
Gang, ¨–e	Trittbrett, –er	Plattform, –en
	Abteil, –e	Klasse, –n
Schlafwagen, –		
Speisewagen, –		
Kurswagen, –		
Bahnhof, ¨–e	Signal, –e	Station, –en
Bahnsteig, –e		
		Unterführung, –en
Wartesaal, Wartesäle		
Fahrkartenschalter, –		Fahrkarte, –n
Zuschlag, ¨–e		Rückfahrkarte, –n
Bahnbeamte(r), –n (n)		Auskunft, ¨–e
Schaffner, –		
Reisende(r), –n (n)		Reisende, –n

Fahrgast, ¨–e		
Passagier, –e		
		Bahnreise, –n
		Richtung, –en
Anschluß, Anschlüsse		Verbindung, –en
		Abfahrt
		Ankunft
		Verspätung, –en
Hafen, ¨–		
Dampfer, –	Schiff, –e	Schiffsreise, –n
		Seereise, –n
Omnibus, –se	Auto, –s	
Bus, –se	Taxi, –s	(Taxe, –n)
Wagen, –	Motorrad, ¨–er	
Lastwagen, –	Fahrrad, ¨–er	Straßenbahn, –en
		U-Bahn, –en
		Haltestelle, –n
Motor, –en	Benzin, –e	
	Öl, –e	
Weg, –e		Straße, –n
Gehsteig, –e		Fahrbahn, –en
		Einbahnstraße, –n
		Ecke, –n
		Kurve, –n
		Kreuzung, –en
		Ampel, –n
Polizist, –en (en)		Polizei
		Autobahn, –en
		Brücke, –n
Fahrer, –		
Unfall, ¨–e		
Flugplatz, ¨–e	Flugzeug, –e	
Flughafen, ¨–		
Motor		Tragfläche, –n
Passagier, –e		
Start, –s		Landung, –en
Abflug, ¨–e		
Flug, ¨–e		
		Flugreise, –n

Post

Brief, –e	Briefpapier, –e	Briefmarke, –n
		Postkarte, –n
		Ansichtskarte, –n
Briefträger, –		Luftpost
	Postamt, –̈er	
		Adresse, –n
		Zustellung
	Päckchen, –	
	Paket, –e	Drucksache, –n
	Einschreiben, –	
Münzfernsprecher, –	Telefon, –e	
Hörer, –		Wählscheibe, –n
	Telegramm(e)	
Postscheck, –s		Überweisung, –en
		Nachricht, –en
Rundfunk	Radio, –s	Nachrichten (Plural)
	Programm, –e	Sendung, –en
Fernsehapparat, –e	Fernsehen	
		Zeitung, –en
		Tageszeitung, –en
		Illustrierte, –n

Beruf, -e

Arzt, –̈e	Ärztin, –nen
Doktor, –en	
Arbeiter, –	
Angestellte, –n (n)[1]	Angestellte, –n
(ein Angestellte*r*)	
Beamte, –n (n)	Beamtin, –nen
(ein Beamte*r*)	

---

[1]

NOM	de*r* Angestellt*e* (ein Angestellte*r*)		de*r* Bauer (ein Baue*r*)
AKK	den	Angestellte*n*	den Bauer*n*
DAT	dem	Angestellte*n*	dem Bauer*n*
GEN	des	Angestellte*n*	des Bauer*n*

Ebenso: Beamte

Bauer, –n (n)n	Bäuerin, –nen
Bäcker, –	Bäckerin, –nen
Bürgermeister, –	
Elektriker, –	
Fahrer, –	
Ingenieur, –e	
Kaufmann, Kaufleute	
Kellner, –	Kellnerin, –nen
Knecht, –e	Magd, ¨e
Lehrer, –	Lehrerin, –nen
Lehrling, –e	
Meister, –	Meisterin, –nen
Maler, –	Malerin, –nen
Maurer, –	
Mechaniker, –	
Metzger, –	
Polizist, –en (n)	
Schlosser, –	
Schmied, –e	
Schneider, –	
Schreiner, – (= Tischler, –)	
Schuster, –	
Schutzmann, Schutzleute	
Soldat, –en (en)	
Student, –en (n)	Studentin, –nen
Professor, –en	

Arbeit

		Arbeit, –en
Arbeiter, –		Arbeiterin, –nen
Dienst, –e		Beschäftigung, –en
Arbeitstag, –e		Tätigkeit, –en
Werktag, –e		Arbeitszeit, –en
Feiertag, –e		Freizeit
Betrieb, –e	Werk, –e	Fabrik, –en
Lohn, ¨e	Gehalt, ¨er	
Streik, –s		
		Wirtschaft
		Landwirtschaft

		Industrie, –n
Beruf, –e		Ausbildung
Fleiß		Arbeit, –en
Eifer		Mühe, –n
		Faulheit

Industrie, -n

	Werk, –e	Fabrik, –en
	Produkt, –e	Produktion, –en
		Fabrikation, –en
Rohstoff, –e	Material, –ien	
	Stück, –e	
	Werkstück, –e	
		Qualität, –en
		Güte
	Angebot, –e	Nachfrage
Export, –e		
Import, –e		
		Technik (, –en)
		Wissenschaft, –en

Handel/Geschäft, -e

	Geschäft, –e	
Laden, ¨–	Kaufhaus, ¨–er	Firma, Firmen
Markt, ¨–e		
Supermarkt, ¨–e		
Großhandel		
Einzelhandel		
Kaufmann, Kaufleute		
Verkäufer, –		Verkäuferin, –nen
Händler, –		
Kunde, –n (n)		Kundin, –nen
		Ware, –n
	Gewicht, –e	Waage, –n
	Gramm	
	Kilogramm	

Preis, –e
Pfennig, –e
Groschen
Geldschein, –e

Scheck, –s
Kauf, ¨–e
Verkauf, ¨–e
Ausverkauf, ¨–e
Rest, –e
Gewinn, –e
Verlust, –e
Vorteil, –e
Nachteil, –e

Geld, –er
Geldstück, –e
Markstück, –e
Zehnpfennigstück, –e

Rechnung, –en
Bezahlung
Mark
Zahlung, –en
Quittung, –en
Kasse, –n
Banknote, –n
Überweisung, –en

Kosten (Pl.!)
Unkosten (Pl.!)

REGISTER

Joachim Gradewald

Wir sind dabei!

Ein Lehrbuch für Deutsch

Band 1: 144 Seiten mit Zeichnungen, kart., Hueber-Nr. 1144

Glossare:

Portugiesisch, Hueber-Nr. 3.1144
Spanisch, Hueber-Nr. 4.1144
Je 36 Seiten, geheftet

Band 2: 104 Seiten mit Zeichnungen, kart., Hueber-Nr. 1145

Glossare:

Portugiesisch, Hueber-Nr. 3.1145
Spanisch, Hueber-Nr. 4.1145
Je 20 Seiten, geheftet

Dieses Lehrwerk für 9–14jährige Schüler ermöglicht dem Lehrer einen altersspezifischen und modernen Unterricht. Sprachmuster in sinnvoller Reihung, dem Schüler gemäße Texte und weiterführende Übungen bilden eine Einheit. Der Dialog nimmt den breitesten Raum ein, so daß Hören und Sprechen von selbst in den Vordergrund des Unterrichts rücken. Beim Wortschatz werden einfache Grundkenntnisse vorausgesetzt; die grammatischen Strukturen dagegen werden vollständig geboten. Der landeskundlich orientierte **Band 3** erscheint im Frühjahr 1977.

MAX HUEBER VERLAG ISMANING BEI MÜNCHEN

Gisela Wohlgemuth-Berglund

Wort für Wort

Ein einsprachiges Wörterbuch

332 Seiten, Linson, Hueber-Nr. 1122

Der Band ist ein für den Schulgebrauch bestimmtes Wörterbuch mit aktuellem Wortschatz. Bei der Auswahl der Stichwörter wurden Frequenzwörterbücher berücksichtigt. Den Stichwörtern folgt, wo nötig, die phonetische Umschreibung oder Hinweise zur Betonung. Auf Wörter, Redewendungen und Konstruktionen, die dem Ausländer im allgemeinen Schwierigkeiten bereiten, wird besonders hingewiesen. Den Schluß des Buches bilden einige Verzeichnisse: Wochentage, Monate, Jahreszeiten, Die fünf Erdteile, Einige Länder und ihre Bewohner, Einige deutsche Gebirge und Flüsse – Pronomen, Die Grund- und Ordnungszahlen, Die starken Verben, Die unregelmäßigen Verben – Abkürzungen.

Erhard Agricola
Herbert Görner
Ruth Küfner

Wörter und Wendungen

Wörterbuch zum deutschen Sprachgebrauch

XXXII, 792 Seiten, Leinen, Hueber-Nr. 1127

8000 Wörter und deren Verknüpfung zu sprachlichen Wendungen — freien Wortverbindungen, stehenden Redensarten und erstarrten Wortfügungen — vermittelt dieses Wörterbuch, das praktische Belehrung anstrebt und keine theoretischen Kenntnisse zum Verständnis voraussetzt.